学校では教えてくれない
ピカピカ
自分みがき術

すっきり解決《かいけつ》！
人《ひと》見《み》知《し》り

監修●名越康文

日本図書センター

さあ、いよいよ新学期《しんがっき》が
はじまったよ。
みんな、新《あたら》しいクラスメートと
楽《たの》しそうにしているね。

これからよろしくね！
こちらこそ！
ドキドキ

テレミちゃん

絵《え》をかくのがじょうずな女《おんな》の子《こ》。あまり親《した》しくない人《ひと》から話《はな》しかけられると、顔《かお》が赤《あか》くなってなにもいえなくなってしまうよ。

モジオくん

運動神経《うんどうしんけい》がよくて、スポーツ好《ず》きな男《おとこ》の子《こ》。はじめて会《あ》った人《ひと》に自分《じぶん》から話《はな》しかけることができないんだ。

……あれ？
だれとも話《はな》していない子《こ》がいるよ。
モジオくんとテレミちゃんだ。
じつは2人《ふたり》は「人見知《ひとみし》り」。
はじめて会《あ》った人《ひと》と話《はな》すことが
苦手《にがて》なんだ。

担任《たんにん》の先生《せんせい》がやってきたみたいだね。
名前《なまえ》は、ポジ先生《せんせい》。
とっても派手《はで》な服《ふく》を着《き》ているね。
声《こえ》も大《おお》きくて、笑顔《えがお》で元気《げんき》にあいさつ！
モジオくんとテレミちゃんは、
おどろいているよ。

ポジ先生《せんせい》

モジオくんとテレミちゃんのクラスの担任《たんにん》になった先《せん》生《せい》。いつでも前向《まえむ》き。おしゃれが大好《だいす》きで、手品《てじな》が得意《とくい》。

あんなふうに
あいさつができていいな

いっしょに話《はな》したいな〜
きみたちは、わたしと同《おな》じ人《ひと》見《み》知《し》りだね
もぞもぞ

え？　どういうこと？
じつはポジ先生《せんせい》も人《ひと》見《み》知《し》りだったの？
ぜんぜんそんなふうに見《み》えないよね。
本当《ほんとう》なのかな？

人見知《ひとみし》りとじょうずに
つきあえるようになった
モジオくんとテレミちゃんの
ようすを見《み》せてあげるよ！
教室《きょうしつ》で
道《みち》ばたで

ポジ先生《せんせい》が人見知《ひとみし》りに見《み》えないのには、
なにかひみつがあるみたいだよ。
ひみつがわかったら、
モジオくんとテレミちゃんも
ほら、このとおり！

人見知《ひとみし》りと
じょうずに
つきあえるの？
こんなふうに
なれるの？

じつはそのひみつは、

「人見知《ひとみし》りとうまくつきあっていく」

ということなんだ。

そのために、なにをすればいいんだろう？

みんなで見《み》ていこう！

はじめに

いまこの本《ほん》を手《て》にしているきみは、どんな気《き》もちでこの本《ほん》を読《よ》んでいますか？　「初対面《しょたいめん》の人《ひと》と話《はな》すのが苦手《にがて》……」「人見知《ひとみし》りで、つい消極的《しょうきょくてき》になってしまう……」そんな悩《なや》みを解決《かいけつ》したいと強《つよ》く思《おも》っているかもしれませんね。

もしかしたら、人見知《ひとみし》りの自分《じぶん》を変《か》えるために、努《ど》力《りょく》をしてみたけれどうまくいかなかった。だから、自分《じぶん》の人見知《ひとみし》りはなおらないとあきらめている人《ひと》もいるかもしれません。

でも、きみを悩《なや》ませているその人見知《ひとみし》りは、きみのたいせつな一部《いちぶ》なんです。無理《むり》してなおすものではなく、人見知《ひとみし》りになる「考《かんが》えかたのくせ」や「気《き》もち」「行動《こうどう》」をちゃんと理解《りかい》して、うまくつきあっていくものなんです。それに、人見知《ひとみし》りは、自分《じぶん》の魅力《みりょく》にすることだってできるんです。

ぼくは、そんな「人見知《ひとみし》り」のことをよく知《し》ってもらいたいと思《おも》ってこの本《ほん》をつくりました。

この本《ほん》は、「人見知《ひとみし》りってどんな人《ひと》だろう？」「人《ひと》見知《みし》りはどのように生《う》まれるのだろう？」こんな疑問《ぎもん》について、ぼくといっしょに考《かんが》えていく本《ほん》です。そのなかで、「人見知《ひとみし》りともうまくつきあえるんだ！」「人見知《ひとみし》りだからこその魅力《みりょく》があるんだ！」ということを学《まな》んでください。いままで「人見知《ひとみし》り」をなおしたいとばかり思《おも》っていたみなさんも、この本《ほん》を読《よ》んで、「人見知《ひとみし》りって悪《わる》くない！」そんなふうに思《おも》ってもらえるのではないでしょうか。

名越康文《なこしやすふみ》

もくじ

2章《しょう》 人見知《ひとみし》りって特別《とくべつ》なこと？

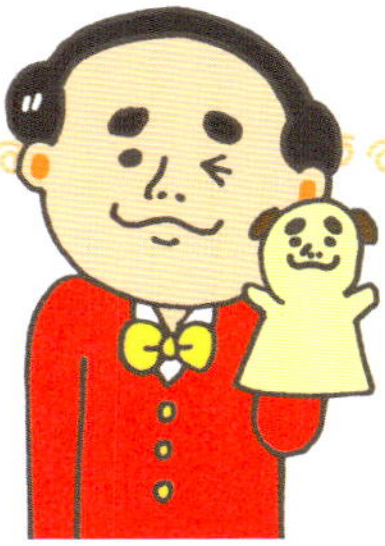

3章《しょう》 どうして人《ひと》見《み》知《し》りをするの？

4章《しょう》 人《ひと》見《み》知《し》りとじょうずにつきあおう！

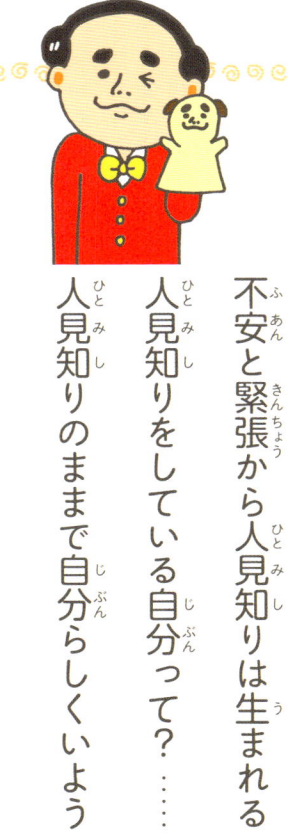

1章《しょう》

人《ひと》見《み》知《し》りってなに？

人見知《ひとみし》りって、
どんなときのことをいうんだろう？
そのとき、どんな気《き》もちになっているのかな？
人見知《ひとみし》りはどうして困《こま》ってしまうのかな？
まず１章《しょう》では、
人見知《ひとみし》りがどんなものなのかを
しっかり学《まな》んでいこう！

人見知《ひとみし》りってどんなこと?

人見知《ひとみし》りって、どんなことかわかるかな? たとえば、家族《かぞく》やなかよしの友《とも》だちとは、楽《たの》しく話《はな》せるのに、はじめて会《あ》う人《ひと》とは、いつものように話《はな》せないと感《かん》じるときってあるよね。それは「人見知《ひとみし》り」をしているっていうことだよ。

相手《あいて》がちがうと人見知《ひとみし》りしてしまう。ふしぎだよね。でも、きみにもそんな経験《けいけん》があるんじゃないかな?

えっ、わたしなんて……
テレミちゃん、かんむりつくるのじょうずだね! 教《おし》えて!

友《とも》だちのおねえちゃんにはじめて会《あ》ったテレミちゃん。花《はな》のかんむりをほめられたのに、ただはずかしがるばかり。

公園《こうえん》ではじめて見《み》かける子《こ》たちと本当《ほんとう》はいっしょにあそびたいモジオくん。でも、「ぼくもまぜて！」のひと言《こと》がいえないみたいだね。

モジオくんは、おつかいで商《しょう》店街《てんがい》へ。さがしているたまねぎが見《み》つからなくて、お店《みせ》の人《ひと》に聞《き》きたいけれど、声《こえ》をかけられないでいるよ。

「人見知《ひとみし》り＝はじめて会《あ》う人《ひと》が苦《にが》手《て》」というイメージをもっている人《ひと》もいるかもしれないね。でも、そればかりではないよ。たまにしか会《あ》わない近所《きんじょ》の人《ひと》や親《しん》せきとは、なにを話《はな》していいかわからなくて困《こま》ってしまうという人見知《ひとみし》りの人《ひと》もいるよ。

きみはどうかな？

CAFE
あら、テレミちゃんこんにちは！

こ、こんにちは

テレミちゃんは、近所《きんじょ》の人《ひと》から声《こえ》をかけられたとき、どんな返事《へんじ》をすればいいかわからなくて、オドオドしてしまったよ。

こころのなかはどうなっている？

人見知《ひとみし》りをしているときのこころのなかは、いったいどんなふうになっているんだろう？　じっくり見《み》てみよう。
　こころのなかでは、いろいろな気《き》もちがわいてきたり、かくれていたりするみたいだよ。

うれしい！　だけど、、
自分《じぶん》ではそんなに
じょうずじゃないと
思《おも》うけど……

テレミちゃんのこころのなかには、「ほめられてうれしい」という気《き》もちと、「どうしてほめるんだろう？」ととまどう気《き》もちがあるね。

わーーい
明《あか》るい気《き》もちや
なにかをしたいという
気《き》もちが
あるようだね
勝《か》ったー
負《ま》けたー
いっしょにあそびたいな……
でも、さそって断《ことわ》られたら
どうしよう……

モジオくんのこころのなかには、「いっしょにあそびたい」という気《き》もちと、「断《ことわ》られてしまうかも」と心配《しんぱい》する気《き》もちがあるよ。

お店《みせ》の人《ひと》に話《はな》しかけたいのに、タイミングがわからないモジオくん。迷惑《めいわく》をかけたくないという気《き》もちでいっぱいだね。

コロッケ
やさい
たまねぎ
いそがしそうにしているけど、
話《はな》しかけていいのかな？

「だれかに迷惑《めいわく》をかけるのはいやだな」「いつもきちんとできる自分《じぶん》でいたい」——こんな気《き》もちも、人《ひと》見知《みし》りをしているときにかくれていることがあるよ。それらの気《き》もちが大《おお》きくなりすぎると、思《おも》いを伝《つた》えることがむずかしくなってしまうんだね。

人見知《ひとみし》りをするときは
みんな同《おな》じではないよ
CAFE

きちんとあいさつしたいのに、
うまくできないかも……

テレミちゃんは、きちんとあいさつをしたいと強《つよ》く思《おも》うからこそ、落《お》ちついて話《はな》せなくなっているよ。

どんなことで困《こま》っている？

きみは人見知《ひとみし》りをなおしたいって思《おも》っているかもしれないね。人《ひと》見知《みし》りをする自分《じぶん》を好《す》きになれなくて、苦手《にがて》な場面《ばめん》や人《ひと》をさけたいとも考《かんが》えているかもしれない。

それは、きっといままで人見知《ひとみし》りをして、相手《あいて》との関係《かんけい》がぎこちなくなったことや、いやな思《おも》いをしたことがあるからだよね。どんなとき、どんなことで困《こま》ってしまったのかな？

このゲーム
おもしろいよね！！
あれ？
モジオくんもテレミちゃんも、
本当《ほんとう》にそう思《おも》っているのかな？
うん
おもしろいなあ
……ぼくもそう思《おも》う
このゲーム
好《す》きだなあ

モジオくんもテレミちゃんもこのゲームが好《す》きなのに、ことばが少《すく》ないから、友《とも》だちは「本当《ほんとう》に好《す》きなのかな？」と思《おも》っているよ。

困《こま》っています　その1

自分《じぶん》の思《おも》っていることが伝《つた》わらない

人見知《ひとみし》りの人《ひと》のなかには、自分《じぶん》の気《き》もちや考《かんが》えを表現《ひょうげん》するのが得意《とくい》ではない人《ひと》がいるよ。

しゃべる前《まえ》にあれこれ考《かんが》えすぎてしまうから、自然《しぜん》と口数《くちかず》がへったり、会話《かいわ》がはずまなかったりして、本当《ほんとう》に思《おも》っていることが相手《あいて》に伝《つた》わらない場合《ばあい》もあるんだ。

困《こま》っています　その2

断《ことわ》ったり、頼《たの》んだりするのが苦手《にがて》

人《ひと》からお願《ねが》いごとをされたとき、うまく断《ことわ》ることができない。反対《はんたい》に、自分《じぶん》から人《ひと》になにかをお願《ねが》いしなければならないとき、どうすればいいかわからない。人見知《ひとみし》りの人《ひと》には、そんなことも多《おお》いんじゃないかな？

それはきっと、相手《あいて》に迷惑《めいわく》をかけたり、いやな思《おも》いをさせたりすることが心配《しんぱい》だからなんだよ。

この本《ほん》、明日《あした》まで貸《か》して！

読《よ》みはじめたらとちゅうで止《と》められないもんね……貸《か》してあげよう！！
……いいよ！

買《か》ったばかりの本《ほん》を「貸《か》して！」と、友《とも》だちから頼《たの》まれたモジオくん。本《ほん》当《とう》は今日《きょう》読《よ》むのを楽《たの》しみにしていたのに、断《ことわ》れなかったよ。

ウサギのエサやりをしている友《とも》だちにまざりたいテレミちゃん。自分《じぶん》からは声《こえ》をかけられないでいるよ。

困《こま》っています　その3

なかよくなりたいのになれない

はじめて会《あ》った人《ひと》や、あまり親《した》しくない人《ひと》に、自分《じぶん》から話《はな》しかけられないというのも、人見知《ひとみし》りの人《ひと》が困《こま》ることだよね。

それに無口《むくち》そうとか、声《こえ》をかけづらいとか、そんな印象《いんしょう》を相手《あいて》にもたれてしまうこともあるんだ。

「あの人《ひと》となかよくなりたいな」と思《おも》っても、その人《ひと》とのきょりがなかなかちぢまらない。そんなの悲《かな》しいよね。

がっかりする必要《ひつよう》はないよ!

人見知《ひとみし》りをすると、やっぱり困《こま》ることが多《おお》いよね。「人見知《ひとみし》りじゃなかったらよかったのに……」と、悩《なや》んでいる人《ひと》もいるんじゃないかな?

でも、人見知《ひとみし》りって悪《わる》いことばかりではないんだよ。人《ひと》はみんな、少《すこ》し困《こま》ったところと、よいところを両方《りょうほう》もっているからね。

たとえば、ちょっとあきっぽいけれど、なんにでも興味《きょうみ》をもてるとか。すばやく行動《こうどう》するのは苦手《にがて》だけれど、じっくりコツコツとりくむのは得意《とくい》とか。

同《おな》じように、きみには人見知《ひとみし》りだからこそのよさがあるのかもしれなモジオくんとテレミちゃんはおぼれているけれど、本当《ほんとう》はかんたんに立《た》てるくらい浅《あさ》い池《いけ》だったんだよ。こんなふうに思《おも》いこみが自分《じぶん》を苦《くる》しくさせてしまっていることもあるんだ。

あれっ！
立《た》てる!!
すくっ
2人《ふたり》とも落《お》ちついて！
本当《ほんとう》はそんなに
深《ふか》くないはずだよ！

いんだ。
だから、「人見知《ひとみし》り＝ダメ！」というのは、思《おも》いこみだと気《き》づいてほしいな。

もっと好《す》きになれる！
人見知《ひとみし》り講座《こうざ》
人見知《ひとみし》りについて
よく知《し》ることが
だいじなんだよ

人見知《ひとみし》りとじょうずにつきあおう！

人見知《ひとみし》りはダメではないっていわれても、きみが人見知《ひとみし》りをなおしたいと強《つよ》く思《おも》っているなら、すぐには気《き》もちは変《か》わらないだろうね。

だけど、人見知《ひとみし》りとじょうずにつきあっていくことができるようになれば、困《こま》っていることや悩《なや》んでいることでも、前向《まえむ》きに考《かんが》えられるようになるんだ。

そのためには、人見知《ひとみし》りで「困《こま》っていること」だけじゃなく、人見知《ひとみし》りの「よいところ」

をもっと知《し》る必要《ひつよう》があるんだよ。

2章《しょう》 人見知《ひとみし》りって特別《とくべつ》なこと?

きみのように人《ひと》見《み》知《し》りで
悩《なや》んでいる人《ひと》はたくさんいるよ。
それに、人《ひと》見《み》知《し》りはちっとも
悪《わる》いことじゃないし、
よいところもたくさんあるんだよ。
人《ひと》見《み》知《し》りの自《じ》分《ぶん》を
じっくり理《り》解《かい》していこう。
人《ひと》見《み》知《し》りと向《む》きあっていくための章《しょう》だよ。

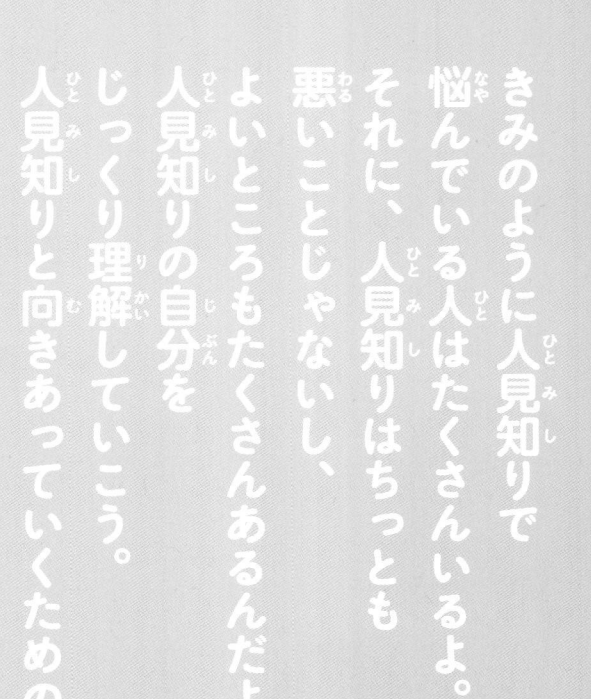

人《ひと》見《み》知《し》りなのは自《じ》分《ぶん》だけ？

まわりの人《ひと》はみんな、すぐだれとでもなかよくなれるのに、なんで自《じ》分《ぶん》はできないんだろう？

どうして自《じ》分《ぶん》だけ人《ひと》見《み》知《し》りなんだろう？　もしかしたらきみはそう思《おも》って、つらい気《き》もちになっているかもしれないね。

自《じ》分《ぶん》だけが人《ひと》見《み》知《し》りだと思《おも》っているのかな？
えっ！ぼくだけじゃないの!?
みんな、人《ひと》見《み》知《し》りじゃないように見《み》えるけれど……

まわりの人《ひと》をよく見《み》てみよう。ファスナーから人見知《ひとみし》りが顔《かお》を出《だ》しているよ。

でも、人見知《ひとみし》りは特別《とくべつ》なことじゃないよ。きみが思《おも》っているよりも人《ひと》見知《みし》りの人《ひと》はたくさんいるんだ。ほら、きみのまわりのあの人《ひと》も、じつは人見知《ひとみし》りかもしれないよ。

そもそもみんな人見知《ひとみし》り？

こころの成長《せいちょう》とともに、人見知《ひとみし》りについて、考《かんが》えてみよう。

人見知《ひとみし》りの人《ひと》はたくさんいるけれど、じつは、「生《う》まれつき人見知《ひとみし》り」という人《ひと》はいないんだ。生《う》まれて間《ま》もない赤《あか》ちゃんは、だれの前《まえ》でも笑顔《えがお》を見《み》せるんだよ。

だけど、半年《はんとし》くらいたっ

このころの赤《あか》ちゃんは、表情《ひょうじょう》がゆたかかね！
先生《せんせい》の成長記録《せいちょうきろく》
生後《せいご》１カ月《げつ》
おばあちゃんにはじめてだっこされているポジ先生《せんせい》。とてもうれしそうに笑《わら》っているよ。

たころから、お母《かあ》さん以外《いがい》の人《ひと》にだっこされたら大泣《おおな》きすることがあるんだ。知《し》らない人《ひと》と接《せっ》することに、不安《ふあん》を感《かん》じているからだよ。これは赤《あか》ちゃんが、お母《かあ》さんと、それ以外《いがい》の人《ひと》とを見分《みわ》けられるようになったということ。

つまり、人見知《ひとみし》りは、赤《あか》ちゃんが成長《せいちょう》したしるしでもあるんだ。

このときは、はっきり人見知《ひとみし》りをしているね！

1歳《さい》 親《しん》せきの人《ひと》がおうちに来《き》たとき、お母《かあ》さん以外《いがい》の人《ひと》だと気《き》づいて泣《な》きだしているようだね。

3歳《さい》のとき

幼稚園《ようちえん》に通《かよ》いはじめたころのポジ先生《せんせい》は、お母《かあ》さんが近《ちか》くにいないのがさびしくて泣《な》いているね。

幼稚園《ようちえん》や小学校《しょうがっこう》に通《かよ》うようになると、環境《かんきょう》や生活《せいかつ》ががらりと変《か》わるよね。

このころになると、はじめて会《あ》う人《ひと》とつきあうことや、新《あたら》しい友《とも》だちをつくることが苦手《にがて》だなと感《かん》じる子《こ》も出《で》てくるよ。

これは、赤《あか》ちゃんのころとはちがって「いま人見知《ひとみし》りしているな」と、自分《じぶん》でもわかるものなんだよ。

6歳《さい》のとき

習《なら》いごとをはじめたころのポジ先生《せんせい》。いっしょにレッスンを受《う》けている子《こ》となにを話《はな》していいかわからなくて、下《した》を向《む》いているね。

9歳《さい》のとき

クラスに転校生《てんこうせい》がやってきたとき、友《とも》だちはすぐなかよくなっていたけれど、ポジ先生《せんせい》はなじめないでいるよ。

じつはあの人《ひと》も人《ひと》見《み》知《し》りだった!?

歴史《れきし》に登場《とうじょう》するような勇《いさ》ましい武将《ぶしょう》や立派《りっぱ》なリーダーは、だれとでもじょうずに話《はな》せて、いつも堂々《どうどう》としていたように思《おも》うよね。でも、本当《ほんとう》はどうだったんだろう?

はじめての人《ひと》ばかりで緊張《きんちょう》するな……うまく話《はな》せるかな……
あー、ここから逃《に》げ出《だ》したい……
ようこそいらっしゃいました
はじめて参《まい》りましたがすばらしいお城《しろ》ですね!

うわっ！目《め》があった！
自分《じぶん》からは話《はな》しかけないでおこう

歴史上《れきしじょう》で活《かつ》やくした人物《じんぶつ》も、こころのなかでは不《ふ》安《あん》と緊張《きんちょう》でいっぱいだったかもしれないね。

では、話《はな》しあいをはじめましょうか！
いやー、さすがでございます

そんな人《ひと》たちのなかにも、はじめて会《あ》う人《ひと》と話《はな》すことが苦手《にがて》な人《ひと》や、なかよくなるのに時間《じかん》がかかる人《ひと》も、きっといたはずだよ。

どんな時代《じだい》のどんな立場《たちば》の人《ひと》だって、人見知《ひとみし》りの人《ひと》はいたんだ。

見《み》た目《め》ではわからないこともある

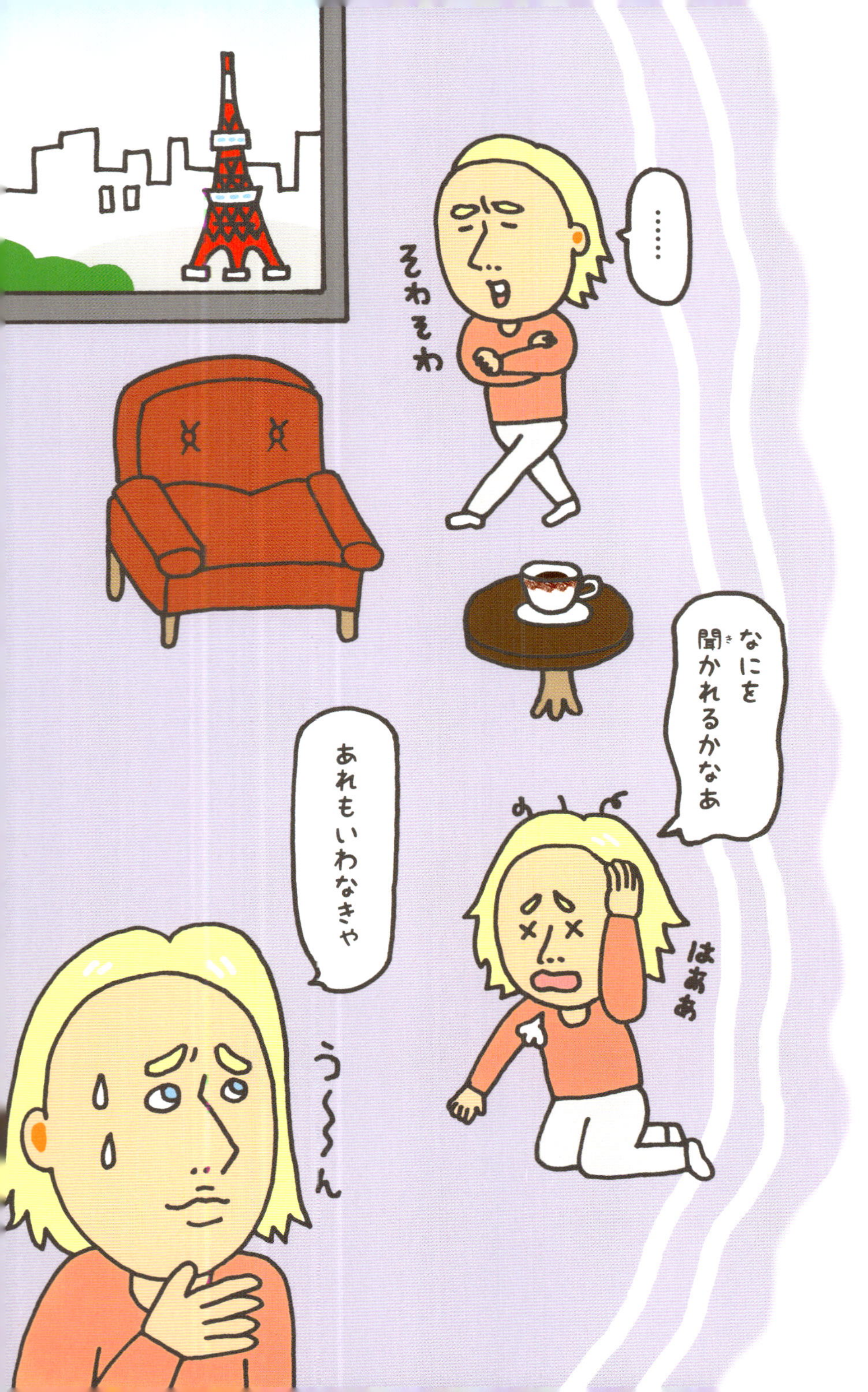

……
そわそわ
なにを聞《き》かれるかなあ
はあああ
あれもいわなきゃ
う〜〜ん

日本《にほん》のみなさん
こんにちは!!

インタビューの前日《ぜんじつ》、必死《ひっし》に練習《れんしゅう》していたんだね。もしかしたら、海外《かいがい》のあの有《ゆう》名人《めいじん》も、本当《ほんとう》は人見知《ひとみし》りかもしれないよ。

テレビなどで見《み》かける俳優《はいゆう》やミュージシャンは、人見知《ひとみし》りをしないと思《おも》っている人《ひと》もいるんじゃないかな? 明《あか》るくふるまっているだけで、こころのなかではモジモジしているかもしれないよ。

人《ひと》見《み》知《し》りなのは人間《にんげん》だけ？

ライオンに出会《であ》ったシマウマは、相手《あいて》をじっと観《かん》察《さつ》したり、安全《あんぜん》なところへ逃《に》げたりしているね。

動物《どうぶつ》は、ほかの種類《しゅるい》の動物《どうぶつ》に出会《であ》ったとき、相手《あいて》を注意深《ちゅういぶか》く観察《かんさつ》したり、攻撃《こうげき》されないように相手《あいて》をこわがらせたりするよ。なぜなら、相手《あいて》が自分《じぶん》にどんな行動《こうどう》をとるかわからないから、油断《ゆだん》できないんだ。

　このような動物《どうぶつ》がとるとっさの行動《こうどう》には、人見知《ひとみし》りの人《ひと》との共通点《きょうつうてん》があるよ。どんなところか気《き》づけるかな？

うまそうだなあ
あっ！シマウマがいっぱいいる！
シマウマはきっとすごく不安《ふあん》だと思《おも》う！
ライオンの行動《こうどう》が気《き》になるね
シマウマの気《き》もちがわかるかな？

自《じ》分《ぶん》の体《たい》験《けん》を思《おも》い出《だ》してみよう

動物《どうぶつ》の世界《せかい》と、きみの住《す》む世界《せかい》とは、もちろんまったくちがうよ。

でも、知《し》らない人《ひと》やあまり親《した》しくない人《ひと》と話《はな》すとき、ドキドキしたり、不安《ふあん》を感《かん》じたりすることは、きみにもあるよね？

図書館《としょかん》に本《ほん》を返《かえ》そうとしているモジオくん。どんなふうに声《こえ》をかけられるかが心配《しんぱい》で、なかなか受《うけ》付《つけ》に行《い》けないよ。

図書館《としょかん》で
いつもとちがう人《ひと》だから勇気《ゆうき》がいるなあ…

となりのクラスの子《こ》が落《お》としものを届《とど》けてくれたよ。テレミちゃんはとまどってお礼《れい》をいえなかったみたいだね。

落《お》としものをしたとき

そう、人見知《ひとみし》りをしているときは、動物《どうぶつ》が油断《ゆだん》できないときとよく似《に》ているんだ。相手《あいて》のことがわからないから、自分《じぶん》がどうふるまえばいいかわからない。これは、生《い》きものとして、とても自然《しぜん》な反応《はんのう》なのかもしれないね。

人見知《ひとみし》りをする人《ひと》と動物《どうぶつ》の共通点《きょうつうてん》がわかったね！

どんなちがいがあるの？

あー
おくれちゃった
もうみんな
サッカーを
はじめているなあ

あそびの約束《やくそく》におくれてしまったモジオくんとキサクくんをくらべてみよう。

みんな、
おくれてごめんね！
ぼくも参加《さんか》させて
いいよ！

人見知《ひとみし》りは特別《とくべつ》なことではないとわかったね。でもじっさいには、人見知《ひとみし》りではない人《ひと》もいるんだ。

じゃあ、人見知《ひとみし》りの人《ひと》と、人《ひと》見知《みし》りではない人《ひと》とは、どんなちがいがあるんだろう？

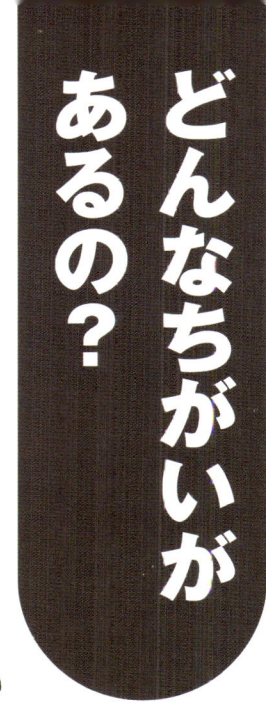

ちらっ
……

モジオくんは、みんなに注《ちゅう》目《もく》されたくなくて、こっそり参加《さんか》しているね。

ここにまざろう
こそっ

よーし シュートだ

キサクくんは、すぐにみんなの輪《わ》のなかに入《はい》っているよ。

あれ? モジオくん! いつからいたの!?
すごーい! キサクくん、ナイス!
イエーイ

人見知り《ひとみし》ではない人《ひと》は、自分《じぶん》の気《き》もちを伝《つた》えるのが得意《とくい》で、友《とも》だちがすぐにできる人《ひと》も多《おお》いんだ。

一方《いっぽう》、人見知り《ひとみし》の人《ひと》は、自分《じぶん》の気《き》もちを伝《つた》えるのが苦手《にがて》で、友《とも》だちとわかりあうのに時間《じかん》がかかることもあるんだ。

せっかくおかしを持《も》ってきたのに、
はずかしくて「みんなで食《た》べよう！」
といえないテレミちゃん。

えっと……
テレミちゃん、それなあに？

みんなにおかしをわたしたキビコちゃん。すぐにみんなと話《はなし》がはずんでいるようだね。

人見知《ひとみし》りって悪《わる》くない!

人見知《ひとみし》りではない人《ひと》とくらべると、人見知《ひとみし》りの人《ひと》のほうが困《こま》ることが多《おお》いように思《おも》うかな? でも、そんなことはないよ! 26~29ページで見《み》てきた「困《こま》っていること」も、見《み》かたを変《か》えると「よいところ」になるよ。

ぼくこのマンガ好《す》きなんだ!!
どんなところが好《す》きなの?
あまり人気《にんき》がないマンガだけど、〇〇くんには好《す》きな理由《りゆう》があるのかも……

モジオくんは、自分《じぶん》の思《おも》っていることを伝《つた》えるよりも、まず友《とも》だちにマンガが好《す》きな理由《りゆう》を聞《き》いてみているね。

よいところ　その1

慎重《しんちょう》にことばを選《えら》べる

人見知《ひとみし》りの人《ひと》に多《おお》いのは、あれこれ考《かんが》えてしまって、うまく話《はな》すことができずに「自分《じぶん》の思《おも》っていることが伝《つた》わらない」と感《かん》じている人《ひと》。でも、そういう人《ひと》は、ちゃんとことばを選《えら》んで話《はな》しているってことだよね。つまり、とても慎重《しんちょう》なんだ。まわりの人《ひと》のことをきずつけたりすることも少《すく》ないんだよ。

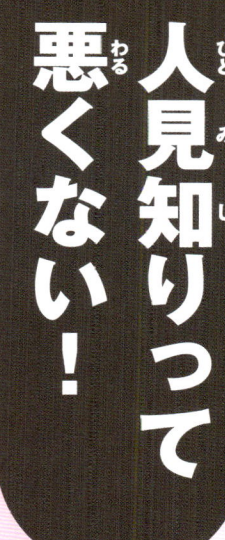

よいところ　その２

相手《あいて》を思《おも》いやることができる

「断《ことわ》ったり、頼《たの》んだりするのが苦手《にがて》」というのも、人見知《ひとみし》りの人《ひと》が困《こま》ることだよね。お願《ねが》いごとを断《ことわ》れないのは、断《ことわ》ったら相手《あいて》が困《こま》ると思《おも》うから。頼《たの》むのが苦手《にがて》なのは、相手《あいて》に迷惑《めいわく》をかけるんじゃないかと思《おも》うから。こういう人《ひと》は、自分《じぶん》のことよりも相手《あいて》を思《おも》いやるこころをもっているんだよ。

これ持《も》ってくれない？
いいよ

困《こま》っているみたいだから手《て》伝《つだ》わなきゃ！
そうじ手《て》伝《つだ》おうか？
だいじょうぶだよ！
そうじを手《て》伝《つだ》ってもらうのは悪《わる》いし……

友《とも》だちに頼《たの》まれたらすぐに手伝《てつだ》うテレミちゃん。だけど、自分《じぶん》から友《とも》だちに頼《たの》むのは、気《き》が引《ひ》けるみたいだね。

あれ、いつもとちがう……
はあー

よいところ　その３

長《なが》くつきあえる友《とも》だちができやすい

人見知《ひとみし》りの人《ひと》のなかには、「なかよくなりたいのに、なじめない」という人《ひと》もいるよね。そういう人《ひと》は、相手《あいて》とのきょりをすぐにちぢめるのは得意《とくい》ではないけれど、相手《あいて》のことをよく見《み》ているんだよ。相手《あいて》のよいところを知《し》っていたり、元気《げんき》がないことに気《き》づけたりするんだ。たとえ時間《じかん》がかかっても、長《なが》くつきあえる友《とも》だちができやすいんじゃないかな。

○○くんがとても落《お》ちこんでいるみたい……どうしたのかな？

リコーダーって
楽《たの》しいよね
うん！

モジオくんもテレミちゃんも、友《とも》だちのことをよく観察《かんさつ》しているね。自分《じぶん》からなにか行動《こうどう》することができれば、なかよくなれるはずだよ。

○○ちゃんは
ぼくと同《おな》じ人《ひと》見知《みし》りみたいだけど、
音楽《おんがく》のことになると
イキイキしていたよ

見《み》た目《め》ところをくらべてみよう

前《まえ》
人見知り《ひとみし》の
モジオ
人見知り《ひとみし》じゃない
キサク

きみはもう、人見知り《ひとみし》のことはよくわかったよね。人見知り《ひとみし》が悪《わる》いことではないことも。

じゃあ、そもそも、人見知り《ひとみし》の人《ひと》と、人見知り《ひとみし》ではない人《ひと》がいるのはなぜなんだろう？

見《み》た目《め》のちがいはいっぱいあるよ！ たとえば、まゆげの形《かたち》とか！

うしろ

見《み》た目《め》をくらべてみると、たくさんのちがいがあるね。
では、こころはどうだろう?

人見知《ひとみし》りのテレミ

こころのなかをのぞいてみよう

失敗《しっぱい》したら
どうしよう！

気《き》になっちゃうな……

わたしなんかと
話《はな》してもらって
もうしわけないな

人見知《ひとみし》りと、そうではない人《ひと》には、見《み》た目《め》以外《いがい》に大《おお》きなちがいがあるよ。

人見知《ひとみし》り
じゃない
キビコ

新《あたら》しい友《とも》だちをつくりたい!!

今日《きょう》うまくいかなかったら、明日《あした》も声《こえ》をかけよう！

みんなにどう思《おも》われている？

気《き》にならないよ

相手《あいて》と話《はな》しているときは？

話《はな》していて楽《たの》しいな！

なんだと思《おも》う？　どうやらその答《こた》えは、こころのなかにあるみたいだよ。

人見知《ひとみし》りをする人《ひと》としない人《ひと》は
どこにちがいがあるのだろう？
じつは人見知《ひとみし》りになりやすい、
「考《かんが》えかたのくせ」があるんだ。
この章《しょう》では、「人見知《ひとみし》りの自分《じぶん》」が
生《う》まれるしくみを理解《りかい》しよう！

3章《しょう》

どうして人《ひと》見《み》知《し》りをするの？

「考《かんが》えかたのくせ」って？

髪《かみ》の毛《け》をさわったり、うでをくんだり、気《き》づかないうちにしてしまっているくせってだれにでもあるよね。

　じつは、くせには、そんな目《め》に見《み》えるくせだけじゃなくて、目《め》に見《み》えないものもあるんだ。それは、考《かんが》えかたのくせだよ。

　考《かんが》えかたのくせは、自分《じぶん》ではあたりまえになっているから、なかなかわかりにくいものなんだ。きみだけじゃなくて、どんな人《ひと》にもあるものだよ。

あと1週間《しゅうかん》しかないよー
なにやっても間《ま》にあわないかも……
まだ1週間《しゅうかん》もあるからだいじょうぶ！
苦手《にがて》なところをもっと練習《れんしゅう》しておこう
テレミちゃんと友《とも》だちは、「1週間《しゅうかん》」という同《おな》じ期間《きかん》なのに、とらえかたがちがうね

人見知《ひとみし》りの人《ひと》はこう考《かんが》えている

考《かんが》えかたのくせは、育《そだ》った環《かん》境《きょう》や、学校《がっこう》で習《なら》ったこと、友《とも》だちづきあいで感《かん》じたことなどがもとになって、つくられているものなんだよ。だから、みんなそれぞれ、ちがうくせをもっているんだ。

ここでは、人見知《ひとみし》りの人《ひと》によく見《み》られる5つの考《かんが》えかたのくせを紹介《しょうかい》するね。きみにも当《あ》てはまるものがあるかな？

5つの考《かんが》えかたのくせが小《ちい》さなモンスターになってあらわれたぞ！
じょうず！
セリフもダメ！声《こえ》の大《おお》きさもダメ！
かっこいい！
モンスター「ダメダメ」

考《かん》えかたのくせ　その1

自分《じぶん》の悪《わる》いところだけを見《み》る

うまくいっても、「完《かん》ぺきではなかった」とすなおに喜《よろこ》べない。ほめられても「○○くんなら、もっとじょうずなはず」と、決《き》めつけてしまう。そうやって、自分《じぶん》の悪《わる》いところだけを見《み》てしまっていないかな？

もっと自分《じぶん》のよいところを見《み》て、自信《じしん》をもつことがだいじだよ。悪《わる》い部分《ぶぶん》しか見《み》えていないって、もったいないんだ。

すんなりセリフをいえないところもあったな
きっと○○くんのほうがうまくできたよな……

学芸会《がくげいかい》で勇者役《ゆうしゃやく》を演《えん》じたモジオくん。みんなはほめているのに、モンスター「ダメダメ」は、モジオくんに悪《わる》いところばかりを知《し》らせているね。

考《かんが》えかたのくせ　その2

悪《わる》い想像《そうぞう》が
現実《げんじつ》になると思《おも》いこむ

なにか行動《こうどう》するとき、「うまくいかないかも」「きっとわたしは失敗《しっぱい》する」と思《おも》いこんでしまうことはないかな？

悪《わる》いほうに思《おも》いこむと、本当《ほんとう》にうまくいかなくなることがあるんだ。だから、失敗《しっぱい》することを想像《そうぞう》しないように、気《き》をつけたいね。

モンスター
「オモイコミー」
きっとうまくいかないはず！
きちんとあいさつできないかも

となりのおうちまで回覧板《かいらんばん》を届《とど》けに行《い》くテレミちゃん。モンスター「オモイコミー」が、テレミちゃんに失敗《しっぱい》してしまうと、思《おも》いこませているよ。

2位《い》
はやかったね！
1位《い》以外《いがい》は意味《いみ》ないし……
1位《い》じゃないならビリと同《おな》じだね
モンスター「シロクロン」

モジオくんはかけっこで2位《い》をとったのに、しょんぼりしているね。モンスター「シロクロン」が、モジオくんに白黒《しろくろ》つけさせようとしているんだ。

考《かんが》えかたのくせ　その3

すぐに白黒《しろくろ》つけたがる

ものごとを「白《しろ》か黒《くろ》か」と、2つにはっきり分《わ》けて考《かんが》えてしまうのも、人見知《ひとみし》りの人《ひと》によく見《み》られる考《かんが》えかたの1つだよ。ちょっとダメなところがあるだけで、「すべてうまくいかない」「なにもかもおしまい」と思《おも》ってしまうんだ。

でも、完《かん》ぺきにできなくてもだいじょうぶ。満点《まんてん》ではなくても、きみががんばったならそれでいいんだよ。

考《かんが》えかたのくせ　その4

みんなに注目《ちゅうもく》されていると考《かんが》える

　まわりのみんなが、自分《じぶん》に注目《ちゅうもく》していると感《かん》じたことはないかな？　見《み》られていることを意識《いしき》しすぎると、ドキドキして、「ちゃんとしなきゃ」「うまくできなかったらはずかしい」と考《かんが》えてしまうよね。

　でも、自分《じぶん》が思《おも》っている以上《いじょう》に、みんなはきみのことを見《み》ていないよ。それに、もし失敗《しっぱい》をしても、時間《じかん》がたてば忘《わす》れるものなんだよ。

モンスター
「ミテルン」

みんながきみに注目《ちゅうもく》してるよ

みんなが見《み》てる……あいさつしづらいな
おはようございまーす！
おはよう！

モンスター「ミテルン」によって、まわりの人《ひと》に見《み》られていると感《かん》じてしまったモジオくん。校門《こうもん》にいる先《せん》生《せい》にあいさつができないみたいだよ。

考《かんが》えかたのくせ　その5

相手《あいて》にあわせないといけないと考《かんが》える

「○○ちゃんに話《はなし》をあわせなきゃ」「○○くんの気分《きぶん》を悪《わる》くしたくない」と思《おも》って、自分《じぶん》の本当《ほんとう》の気《き》もちをいえないことってあるよね。

でも、相手《あいて》にあわせてばかりだと、きみのこころのなかに不満《ふまん》がたまってしまうよ。とくに友《とも》だちどうしなら、すなおな自分《じぶん》でつきあおう。気《き》をつかう必要《ひつよう》なんてぜんぜんないんだよ。

アイドルのなかだったら△△の★★くんがいちばんだよね！歌《うた》もおどりもダントツでカッコいいもん！
う、うん
★★くんのこと、好《す》きじゃなくてもあわせておきなよ
モンスター「アワセロー」

テレミちゃんは、友《とも》だちにきらわれたくなくて、むりに話《はなし》をあわせているよ。モンスター「アワセロー」が、テレミちゃんの本当《ほんとう》の気《き》もちを閉《と》じこめてしまっているんだ。

不安《ふあん》と緊張《きんちょう》から人見知《ひとみし》りは生《う》まれる

こんにちは

人見知《ひとみし》りの人《ひと》の「考《かんが》えかたのくせ」がわかったかな？　そう、それは、「ものごとの見《み》かたがかたよっていて、すぐに悪《わる》いほうに考《かんが》えてしまう」ってこと。

そのせいで、不安《ふあん》と緊張《きんちょう》が生《う》まれて、人見知《ひとみし》りの自分《じぶん》になってしまうんだ。

きみは、きっとみんなとうまく話《はな》せないよ

みーんなきみを見《み》てるよ

もし、だれかがきみのことをほめてくれても、本当《ほんとう》の相手《あいて》の気《き》もちはわからないよ

お母《かあ》さんが申《もう》しこんだスキー教《きょう》室《しつ》に、明日《あした》から行《い》くテレミちゃん。自分《じぶん》に悪《わる》いことばかりがおきると考《かんが》えて、不安《ふあん》でねむれなくなってしまっているね。

まずは、「不安《ふあん》」について考《かんが》えてみよう。不安《ふあん》な気《き》もちはだれにだってあるもの。でも、人見知《ひとみし》りの人《ひと》は、苦手《にがて》なできごとに向《む》きあったとき、いままでの失敗《しっぱい》した経験《けいけん》を思《おも》い出《だ》して「また失敗《しっぱい》してしまうかもしれない」と、不安《ふあん》を感《かん》じやすいんだ。

あとでトランプしよう！
すべるのじょうずだねー

なんでスキー教室《きょうしつ》なんて行《い》かないといけないんだろう……
自分《じぶん》の意見《いけん》はいわないほうがいいかもね
自己紹介《じこしょうかい》でミスしたら、もうおしまいだね

不安《ふあん》を大《おお》きくしてしまっているのは、テレミちゃんの考《かんが》えかたのくせみたいだね。

では、「緊張《きんちょう》」についてはどうだろう。「緊張《きんちょう》」だってだれでもするものだよ。でも、人見知《ひとみし》りをする人《ひと》は、しない人《ひと》にくらべて、より緊張《きんちょう》しやすいんだ。

それは、「まわりの人《ひと》から見《み》られている」と気《き》にしすぎてしまっているからなんだよ。

どこからきたの？
人《ひと》見《み》知《し》りの正体《しょうたい》は、不安《ふあん》と緊張《きんちょう》ともいえるんだ

よろしく！

がんばろうね

まわりの子《こ》たちは話《はなし》を聞《き》こうとしているだけなのに、テレミちゃんは「注目《ちゅうもく》されている」「見《み》られている」と感《かん》じているみたい。そう考《かんが》えるから、緊張《きんちょう》して話《はな》せなくなるんだね。

人《ひと》見《み》知《し》りをしている自《じ》分《ぶん》って？

人《ひと》見《み》知《し》りしていないときのモジオ

人《ひと》見《み》知《し》りをしていないときのモジオくんが、人《ひと》見《み》知《し》りをしているときのモジオくんに話《はな》しかけているよ。

人《ひと》見《み》知《し》りの正体《しょうたい》である「不安《ふあん》」と「緊張《きんちょう》」が大《おお》きくなるのは、考《かんが》えかたのくせが影響《えいきょう》しているようだね。でも、それだけじゃないよ。自分《じぶん》で自分《じぶん》をどんな「視線《しせん》」で見《み》ているか、自分《じぶん》にどれくらい「自信《じしん》」をもっているかとも関係《かんけい》しているよ。

人見知《ひとみし》りしているときのモジオ

ここからは、人見知《ひとみし》りと「視《し》線《せん》」「自信《じしん》」が、どんなふうに関係《かんけい》しているかを見《み》ていこう。

みんながぼくのことをどう思《おも》って見《み》ているか、すごく気《き》になるんだ
人見知《ひとみし》りの自分《じぶん》には自信《じしん》がないよ……

人見知《ひとみし》りのときの自分《じぶん》をイメージして対話《たいわ》してみよう！モジオくんのように気《き》づくことがないかな？

いつも自分《じぶん》のことを観察《かんさつ》していない？

モジオくんは、新聞係《しんぶんがかり》にどう見《み》られているか気《き》になって、自分《じぶん》で自分《じぶん》を観察《かんさつ》しているよ。

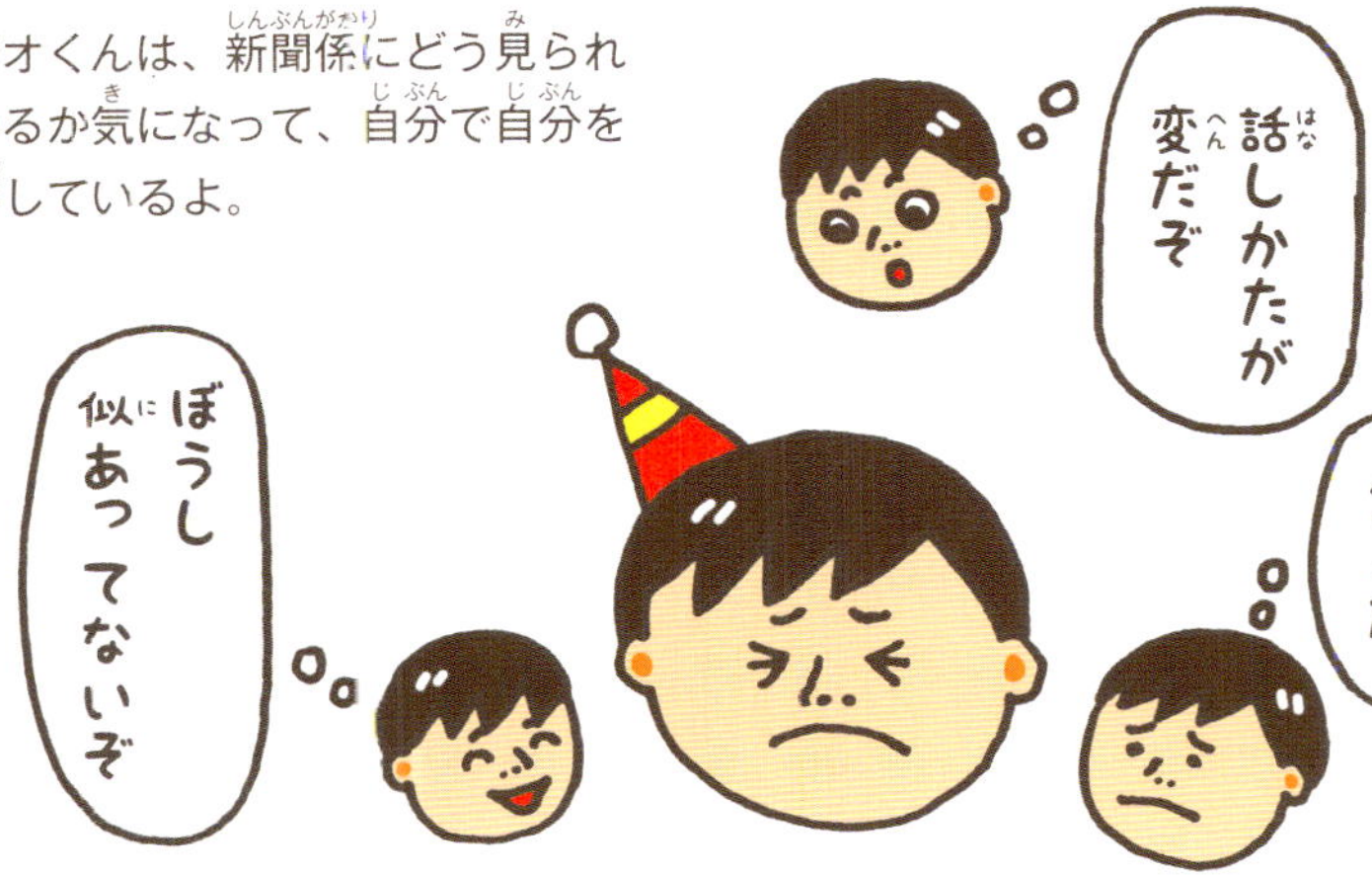

話《はな》しかたが変《へん》だぞ
もうダメだ
ぼうし似《に》あってないぞ

たとえば、何人《なんにん》かの人《ひと》と会話《かいわ》をしているとき、だまって聞《き》いているだけなら、不安《ふあん》になったり緊張《きんちょう》したりしないよね。でも、自分《じぶん》がしゃべるときは、どうだろう？　まわりの人《ひと》に自分《じぶん》がどう見《み》られているのかが、気《き》になってしまうんじゃないかな。

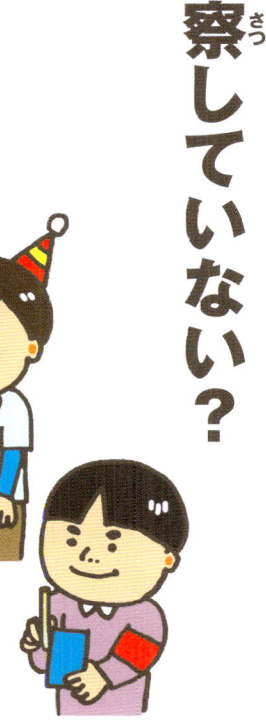

新聞係《しんぶんがかり》が、誕生月《たんじょうつき》のモジオくんとキサクくんにインタビューをしているよ。

ぼくのこと聞《き》いてくれてうれしいな

まずは、キサクくん。

キサクくんはどんなプレゼントがほしいですか?
新《あたら》しいゲームのソフト!

新聞係《しんぶんがかり》にインタビューされているキサクくん。ハキハキと答《こた》えているね。モジオくんは、そばで落《お》ちついて話《はなし》を聞《き》いているよ。

つぎは、モジオくん。

ドキッ

モジオくんが好《す》きなケーキはなんですか?
チョコかな……
カチコナ

そうなんだ!

モジオくんは、自分《じぶん》が話《はな》す番《ばん》になったら、急《きゅう》に緊張《きんちょう》してしまったみたいだよ。

こんなふうに、人見知《ひとみし》りの人《ひと》は、まわりからの視線《しせん》を気《き》にするとき、相手《あいて》ではなく、自分《じぶん》にばかり注意《ちゅうい》を向《む》けてしまうんだ。つまり、自分《じぶん》もまわりの人《ひと》といっしょになって、自分《じぶん》を観察《かんさつ》しているってことだよ。

自分《じぶん》はなにをしてもダメだと思《おも》っていない？

なにをやってもダメな人《ひと》なんて、いないんだよ。だけど、自分《じぶん》に自信《じしん》がなくて、「どうせ自分《じぶん》なんて……」とばかり思《おも》っていると、必要以上《ひつよういじょう》に自分《じぶん》をダメだと考《かんが》えてしまう。そして、まわりの人《ひと》が自分《じぶん》よりずっとすてきでかがやいて見《み》えてしまうよ。

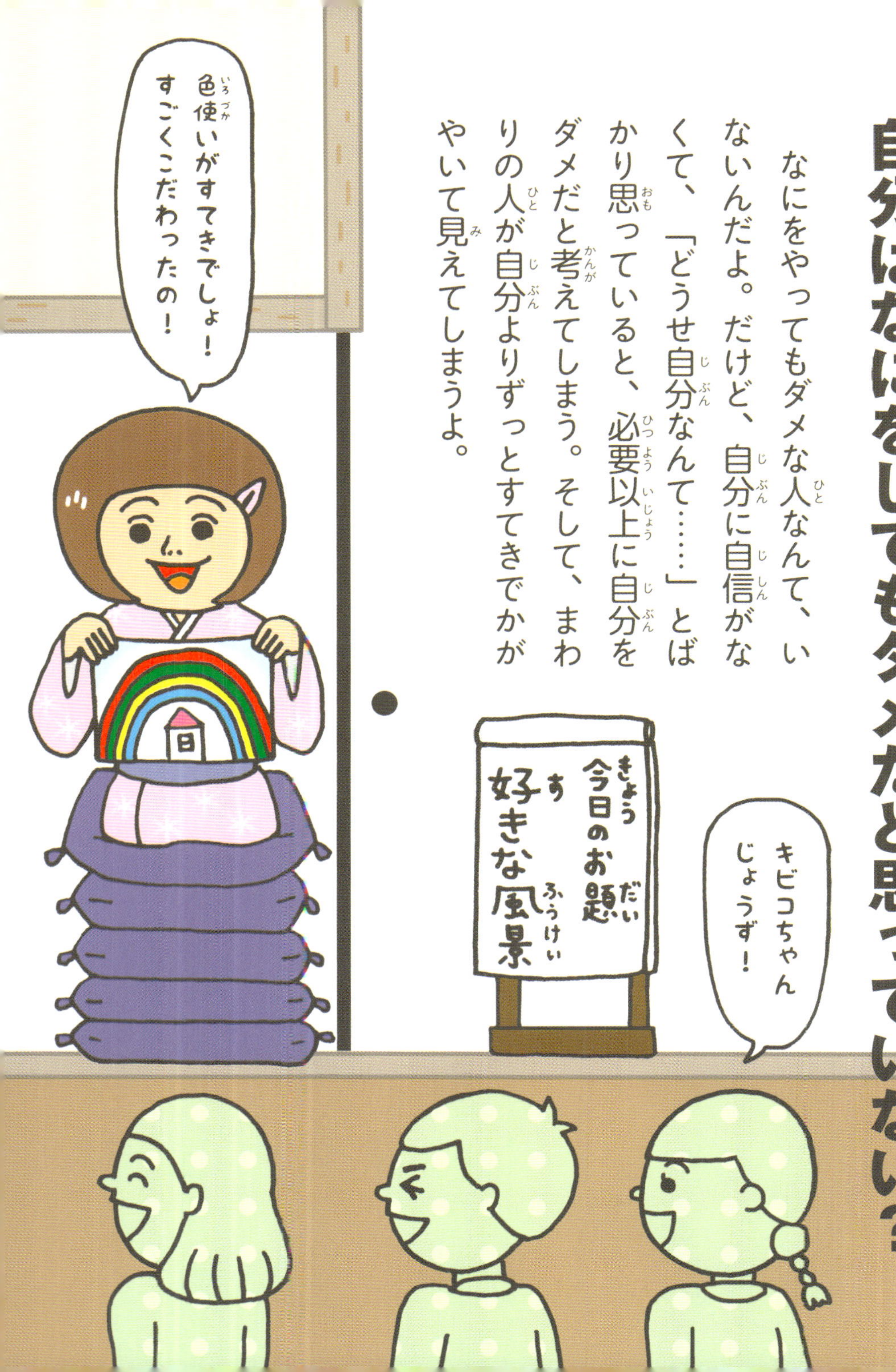
色使《いろづか》いがすてきでしょ！すごくこだわったの！
今日《きょう》のお題《だい》
好《す》きな風景《ふうけい》
キビコちゃんじょうず！

そうすると、ますます自分《じぶん》に自信《じしん》がもてなくなるよね。ちょっとしたことをいわれただけでも、とてもきずつきやすくなってしまうんだ。

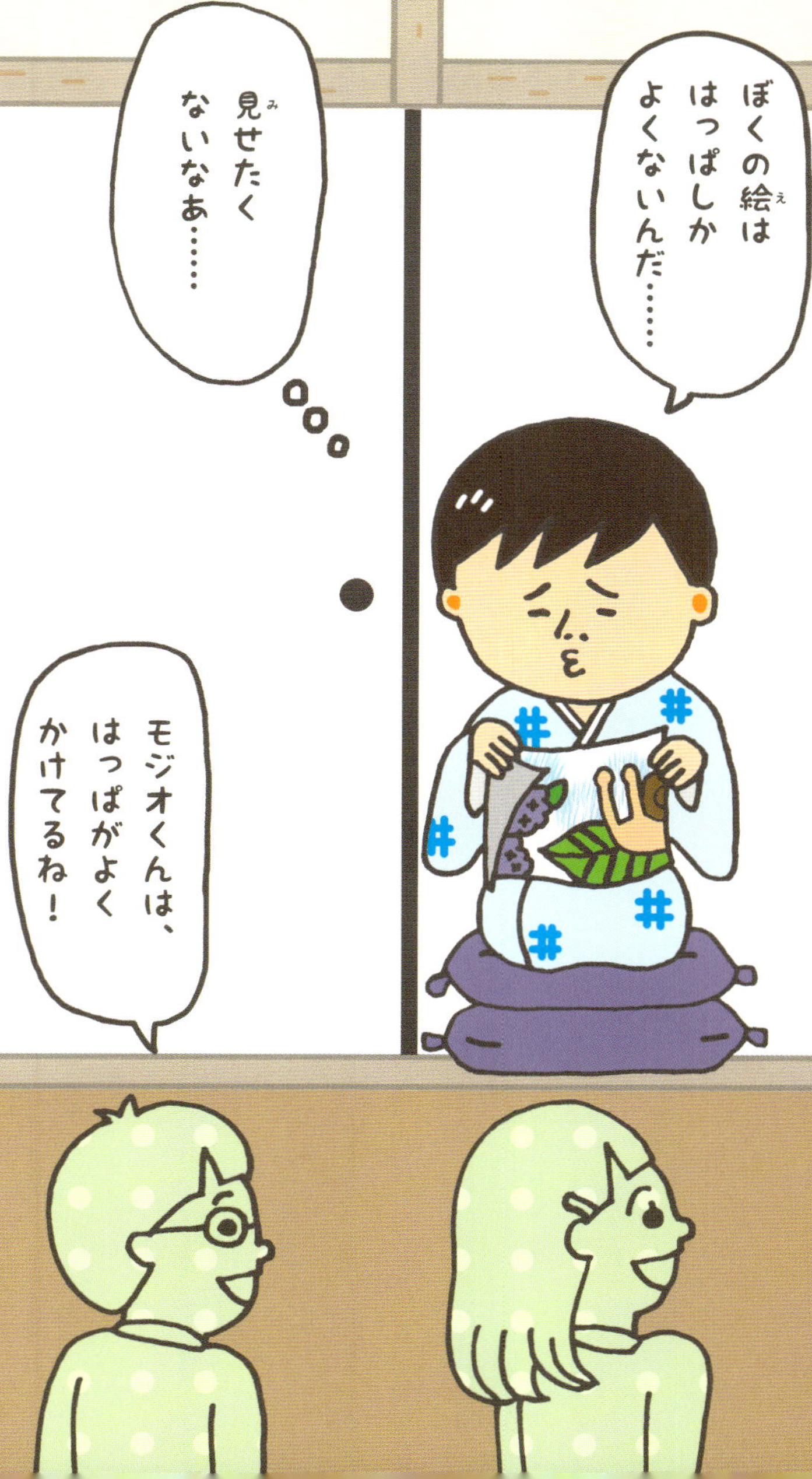
ぼくの絵《え》は
はっぱしか
よくないんだ……
見《み》せたく
ないなあ……
モジオくんは、
はっぱがよく
かけてるね！

キビコちゃんは自分《じぶん》の絵《え》に自信《じしん》があるから、みんなに見《み》てほしいと思《おも》っているけれど、モジオくんはそうではないみたい。

人見知《ひとみし》りのまま自分《じぶん》らしくいよう

いくよー
こっちこっちー

54～57ページで、人見知《ひとみし》りのよいところを学《まな》んだよね。そして、人見《ひとみ》知《し》りはダメではないこともわかったよね。それでも、苦手《にがて》な場面《ばめん》をさけつづけるわけにいかないし、いろいろな人《ひと》との出会《であ》いだって、たいせつにしていきたいよね。

そう考《かんが》えると、「やっぱり人見知《ひとみし》りではない人《ひと》がうらやましい!」と思《おも》うかな?

あんなふうに
だれとでも
話《はなし》がしたいな
みんなの輪《わ》のなかに
入《はい》りたいな
このままのほうが
らくちんだよー
うまく変《か》われないよ
1度《ど》失敗《しっぱい》したら
たいへんだよ

人見知《ひとみし》りが気《き》にならなくなると、新《あたら》しい出会《であ》いがふえるかもしれないよ。

いまの自分《じぶん》をちょっとだけ変《か》えよう！

人見知《ひとみし》りはきみの一部《いちぶ》。だから、人《ひと》見知《みし》りをするからって、性格《せいかく》まで変《か》える必要《ひつよう》はないんだよ。

人見知《ひとみし》りのままでいいんだ。考《かんが》えかたのくせを少《すこ》し変《か》えたり、自分《じぶん》のよいところ見《み》つけたりするだけで、人見知《ひとみし》りとじょうずにつきあうことができるようになるよ。

つぎの章《しょう》では、自分《じぶん》らしくいられる方法《ほうほう》を学《まな》んでいこう！

ポジ先生《せんせい》も、だんだんモンスターたちとじょうずにつきあえるようになったんだよ。モジオくんもテレミちゃんも、先生《せんせい》のようになれるといいね。

人見知《ひとみし》りで困《こま》ってしまうことは、
「考《かんが》えかた」「気《き》もち」「行動《こうどう》」を変《か》えることで、
小《ちい》さくできるんだ。
最後《さいご》の４章《しょう》では、
人見知《ひとみし》りとじょうずにつきあう方法《ほうほう》を
身《み》につけていくよ！

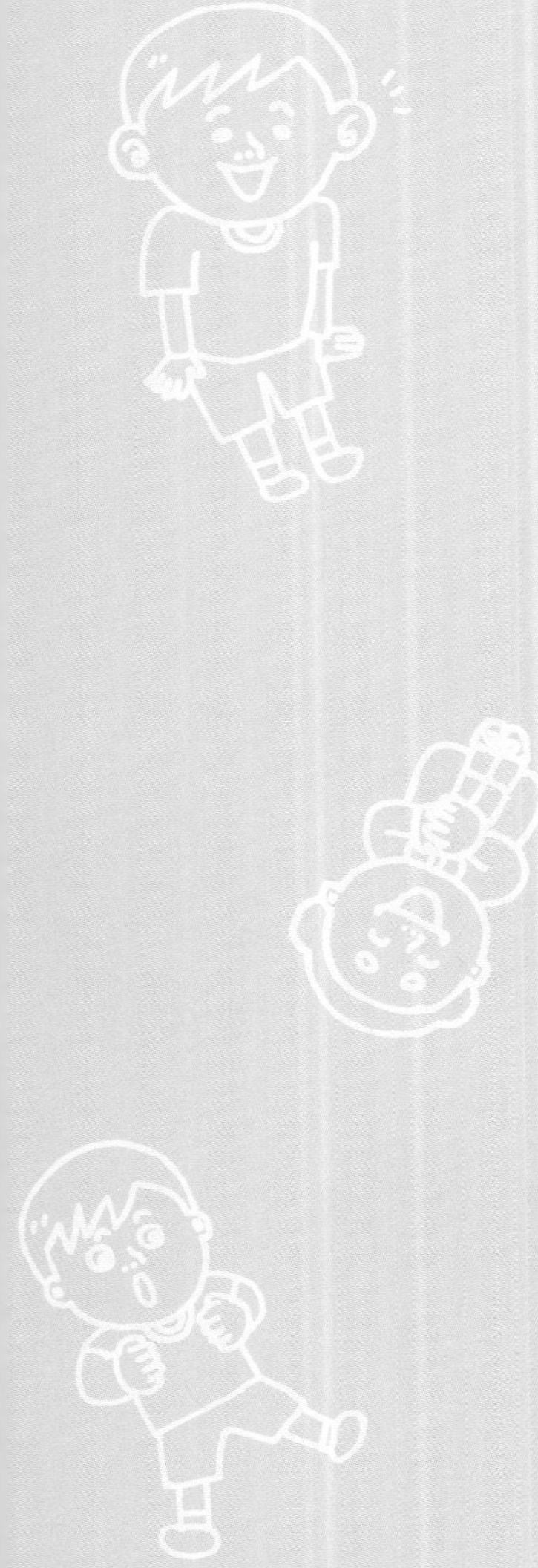

4章《しょう》

人《ひと》見《み》知《し》りとじょうずにつきあおう！

考《かんが》えかた・気《き》もち・行動《こうどう》はつながっている

「きっとうまくいかない」と悪《わる》いほうに考《かんが》えて行動《こうどう》すると、本当《ほんとう》に失敗《しっぱい》してしまうことってあるよね。

それは、「考《かんが》えかた」「気《き》もち」「行《こう》動《どう》」がつながっているからなんだ。悪《わる》いほうに考《かんが》えると、気《き》もちや行動《こうどう》にも悪《わる》い影《えい》響《きょう》が出《で》て、自分《じぶん》でも気《き》づかないうちに人見《ひとみ》知《し》りの自分《じぶん》になってしまうんだよ。

逆《ぎゃく》に「考《かんが》えかた」「気《き》もち」「行動《こうどう》」のどれか1つを変《か》えてよい流《なが》れをつくれば、自然《しぜん》とうまくいくことがふえていくよ。

人見《ひとみ》知《し》りをしているときは、ぼくもこんなふうになっているんだなあ
考《かんが》えかたのくせに気《き》づくことがだいじだよ

気《き》もち
考《かんが》えかた
行動《こうどう》
どうしよう……すごく緊張《きんちょう》してきた
きっとうまく話《はな》せないな
話《はな》すのはやめておこう

人見知《ひとみし》りをしているときのテレミちゃん。「きっとうまくいかない」と悪《わる》いほうに考《かんが》えているね。考《かんが》えかたは気《き》もちや行動《こうどう》につながっているから、どんどん悪《わる》いほうに向《む》かってしまうんだ。

「考《かんが》えかたのくせ」を見直《みなお》してみよう

人見知《ひとみし》りの人《ひと》は、これからおこることについて、極端《きょくたん》に悪《わる》いほうに考《かんが》えがち。だけど、そのとおりになることなんて、じつはほとんどないんだよ。自分《じぶん》の考《かんが》えかたのくせに注意《ちゅうい》して、もっと現実的《げんじつてき》な予想《よそう》ができるようにしよう。

2人《ふたり》が考《かんが》えていたことを
じっくり見《み》てみよう

テレミちゃんとお祭《まつ》り

○○ちゃんとお祭《まつ》りに行《い》きたいけど、さそうのをやめておこう

お祭《まつ》りに○○ちゃんをさそおうと思《おも》ったけれどやめたテレミちゃん。

モジオくんと道案内《みちあんない》

道案内《みちあんない》をしてあげたいけど、やめておこう

道《みち》に迷《まよ》っている人《ひと》に道案内《みちあんない》するのをやめてしまったモジオくん。

頭《あたま》のなかは？
習《なら》いごとでいそがしいの
○○ちゃんは習《なら》いごとをたくさんしているから、さそってもきっと断《ことわ》られると思《おも》っているよ。
お母《かあ》さんが行《い》っちゃダメだって
わたしがさそったら迷《めい》惑《わく》かもしれないし……とも考《かんが》えているね。
きのうはごめんね
断《ことわ》られて気《き》まずくなるのはいやだなあと考《かんが》えてしまったんだ。

頭《あたま》のなかは？
案内《あんない》してもらわなくてだいじょうぶです
じつは道《みち》に迷《まよ》っていなくて、断《ことわ》られるかもしれないと心配《しんぱい》しているよ。
右《みぎ》へ行《い》って左《ひだり》に曲《ま》がって……
きっと自分《じぶん》はうまく説明《せつめい》できないとも思《おも》ったんだ。
まちがった説明《せつめい》をしたら、あの人《ひと》たちを困《こま》らせてしまうかも……と考《かんが》えたんだね。

「ぜんぶうまくいかない」って本《ほん》当《とう》かな？

楽《たの》しいね！
さそってみたら……

道案内《みちあんない》してみたら……
声《こえ》をかけてみてよかった！
だんご

声《こえ》をかけてみたけど、うまく教《おし》えられなかったモジオくん。だけど「ありがとう」っていってもらえたよ。

不安《ふあん》だったことも、じっさいには、「意外《いがい》とうまくできた」「ぜんぶはうまくいかなかったけど、悪《わる》くなかった」と、自分《じぶん》の悪《わる》い予想《よそう》がはずれて、安心《あんしん》したこともあるんじゃないかな？

たこやき
500えん
さそってみてよかった！

友《とも》だちをお祭《まつ》りにさそってみたら、オーケーをもらえたテレミちゃん。友《とも》だちも喜《よろこ》んでいるね。

これからやってくる未来《みらい》にそなえて、しっかり考《かんが》えておくのはだいじなこと。でも、悪《わる》いことばかりを想《そう》像《ぞう》して心配《しんぱい》しすぎなくてもだいじょうぶなんだ。

ありがとう

自分《じぶん》の視《し》線《せん》をコントロール

ステップ1
自分《じぶん》のからだ

自分《じぶん》のからだは、いまどんな状態《じょうたい》だろう。ドキドキしたり、汗《あせ》をかいたり、おなかがいたくなったりしていないかな？

78ページで学《まな》んだように、緊《きん》張《ちょう》してうまく話《はな》せないときは「みんなは自分《じぶん》をどう見《み》ているんだろう？」と、自分《じぶん》ばかりに注目《ちゅうもく》しすぎていたよね。

そんなときは、自分《じぶん》ではなく、ほかの人《ひと》やものを見《み》るように視《し》線《せん》をコントロールしてみよう。自然《しぜん》とこころが落《お》ちついてくるはずだよ。

ステップ2
自分《じぶん》の気《き》もち

からだのつぎは、自分《じぶん》の気《き》もちに目《め》を向《む》けてみよう。「楽《たの》しい？」「悲《かな》しい？」「不安《ふあん》を感《かん》じてる？」どんな気《き》もちだろう。

まずは「自分《じぶん》のからだ」から「自分《じぶん》の気《き》もち」へと、目《め》を向《む》ける練習《れんしゅう》をしてみよう。

まずは遠《とお》くに視線《しせん》を向《む》けてみよう

黒板《こくばん》が見《み》えたよ

今度《こんど》は教室《きょうしつ》のなか

校庭《こうてい》ではドッジボールをしている子《こ》がいるね

「自分《じぶん》の気《き》もち」に目《め》を向《む》けられるようになったら、あと少《すこ》し！　つぎは、「自分《じぶん》のまわり」に視線《しせん》をうつしてみよう。

方法《ほうほう》はかんたんだよ。遠《とお》くの人《ひと》やもののようすから、目《め》の前《まえ》にいる人《ひと》やもののようすまで、1つずつことばにして、こころのなかで実況中継《じっきょうちゅうけい》してみるんだ。

目《め》の前《まえ》の○○くんとはじめて話《はな》すから緊張《きんちょう》してきたなあ

ステップ3
自分《じぶん》のまわり

最後《さいご》に目《め》の前《まえ》の〇〇くん
←きのう
今日《きょう》→
ゴール

となりに目《め》をうつしてみると
時間割《じかんわり》があった！
水
木
金
こくご
りか
たいいく
さんすう
しゃかい
おんがく

ねぐせがついてる!!

まわりを見《み》てみたら
おりがみをしている子《こ》がいるなあ

どうかな？　ことばにすることで、まわりがよく見《み》えてきたよね。気《き》もちもだんだん落《お》ちついてきたんじゃないかな？

小《ちい》さな目標《もくひょう》にチャレンジ！

もしきみが人見知《ひとみし》りではない自分《じぶん》を想像《そうぞう》して、「理想《りそう》の自分《じぶん》にはなかなかなれないよ」と思《おも》っているなら、小《ちい》さな目標《もくひょう》を立《た》ててみるのがおすすめだよ。

実現《じつげん》できそうな小《ちい》さな目標《もくひょう》をいくつか立《た》てて、1つずつチャレンジ！ うまくできたら、自分《じぶん》をほめてあげよう。できることがふえると自信《じしん》がついて、大《おお》きな目標《もくひょう》も達成《たっせい》できるかもしれないよ。

目標《もくひょう》2
「こんにちは」と
あいさつする
目標《もくひょう》1
おねえさんと
目《め》をあわせる
あの犬《いぬ》を連《つ》れている
おねえさんと
話《はな》したいなあ……

毎日《まいにち》、犬《いぬ》と散歩《さんぽ》しているテレミちゃん。散歩《さんぽ》のときに会《あ》う犬《いぬ》の飼《か》い主《ぬし》のおねえさんと話《はな》したいと思《おも》っているみたいだよ。

目標《もくひょう》 5
おねえさんとおしゃべりができる
目標《もくひょう》 4
自己紹介《じこしょうかい》をする
目標《もくひょう》 3
おねえさんの犬《いぬ》の名前《なまえ》を聞《き》いてみる
明日《あした》も晴《は》れるみたいだよ
今日《きょう》は天気《てんき》がいいですね

緊《きん》張《ちょう》してもだいじょうぶ！

緊張《きんちょう》してはいけないと思《おも》いすぎて、うまくお店《みせ》の人《ひと》と話《はなし》ができなくなってしまったよ。

高《たか》い

「ピアノの発表会《はっぴょうかい》で、練習《れんしゅう》よりうまく弾《ひ》けた！」など、本番《ほんばん》でいい結果《けっか》になるってことあるよね。そんなときは、「緊張《きんちょう》」がきみの味方《みかた》になってくれているんだ。

だから、準備《じゅんび》や練習《れんしゅう》をきちんとしていれば、本番《ほんばん》のほどほどの緊《きん》張《ちょう》はだいじょうぶ。がんばろうとしているきみのチカラになってくれるはずだよ。

よい

結果《けっか》

悪《わる》い

緊張度《きんちょうど》が低《ひく》すぎる

まったく緊張《きんちょう》せずに高級《こうきゅう》なお店《みせ》に買《か》いものにやってきたポジ先生《せんせい》。でも、はずかしい思《おも》いをしたみたいだね。

低《ひく》い

緊張度《きんちょうど》

緊張度《きんちょうど》がちょうどよい

お店《みせ》の人《ひと》にどんなものがほしいかいえるように練習《れんしゅう》しておいたポジ先生《せんせい》。少《すこ》し緊張《きんちょう》してドキドキしていたけれど、おめあての服《ふく》が買《か》えたよ。

できることから挑戦《ちょうせん》しよう

人見知《ひとみし》りの人《ひと》は、なれない人《ひと》と会《あ》っているときや、なれていない場所《ばしょ》にいるとき、はじめは緊張《きんちょう》しすぎてうまく話《はな》せないことが多《おお》いよね。

でも、だれだって失敗《しっぱい》はするし、失敗《しっぱい》するのはみんなこわいんだ。はじめから、なんでもできる人《ひと》なんていないはずだよ。

だから、少《すこ》しずつ、ゆっくりでいいから、自分《じぶん》のできることをふやしていこう。

「少《すこ》しくらいなら緊張《きんちょう》しても
だいじょうぶ！」と
思《おも》うところからはじめよう！！

緊張《きんちょう》してもいろいろなお店《みせ》で買《か》いものできるようになったポジ先《せん》生《せい》。あこがれのあのお店《みせ》も、いまでは常連《じょうれん》になったみたいだね。

大《おお》きな声《こえ》であいさつ!

毎日《まいにち》しているあいさつって、なんで必要《ひつよう》なんだろう? もし、この世界《せかい》からあいさつがなくなったら、どんな感《かん》じになるか想像《そうぞう》してみよう。静《しず》かでさびしくて、みんなの気《き》もちもわからなくて、不安《ふあん》になってしまうはずだよ。

「おはよう」「こんにちは」「いってらっしゃい」

シーン
楽《たの》しくないのかな?
なにを考《かんが》えているんだろう?
ぼくも不安《ふあん》な気《き》もちになってきたな……

あいさつをしなかったら、とっても静《しず》かで、みんながなにを考《かんが》えているかわからないね。

など、あいさつは自分《じぶん》の気《き》もちを伝《つた》えて、みんなを笑《え》顔《がお》にしてくれる、たいせつなことばなんだ。

初対面《しょたいめん》の人《ひと》と会《あ》うとき、まずあいさつをすれば、緊《きん》張《ちょう》もとりのぞけるよ。それに、つぎの会話《かいわ》のきっかけにもなるんだ。自分《じぶん》から声《こえ》をかけるのがむずかしいと思《おも》ったら、相手《あいて》に笑顔《えがお》を向《む》けて、こころのなかであいさつしてみるだけでもいいよ。なれてきたら、声《こえ》に出《だ》してみよう。

いってらっしゃい!
いってきます!
おはよう
おはよう
あいさつしたら気《き》もちいいな
こんにちは
こんにちは

自分《じぶん》からあいさつしてみると、まわりの人《ひと》も笑顔《えがお》になるよ。

会話《かいわ》のコツを知《し》っておこう

会話《かいわ》がはずまなくて困《こま》ったことってあるんじゃないかな？　じつは、うまく会話《かいわ》するにはコツがあるんだ。ここでは「6つのコツ」を紹介《しょうかい》するよ。

これをおぼえておけば、いきなり話《はな》しかけられたときでも、どぎまぎせずにすむし、自然《しぜん》と会話《かいわ》を楽《たの》しめるようになってくるよ。

1 からだを使《つか》って会話《かいわ》しよう

うれしいな
本当《ほんとう》に!?

うれしいときは胸《むね》のあたりで両手《りょうて》を重《かさ》ねてみたり、おどろいたときは小《ちい》さくバンザイしてみたり……身《み》ぶり手《て》ぶりをまじえながら会話《かいわ》をしてみよう！

2 聞《き》きじょうずになろう
そうなんだ

「つぎになにを話《はな》そう……」と考《かんが》えているときは、相手《あいて》の話《はなし》をちゃんと聞《き》けていないはずだよ！「話《はな》しじょうず」よりも、まずは「聞《き》きじょうず」をめざそう！

3 あいづちを打《う》とう
うんうん
それでね

うまくことばが見《み》つからなくても、「うん、うん」とあいづちを打《う》つだけで、「ちゃんと聞《き》いているよ」という気《き》もちが、相手《あいて》に伝《つた》わるんだ

相手《あいて》の話《はなし》を聞《き》いていて、

「なんで？」

「それからどうなったの？」

と思《おも》うことってあるよね？

そんなときは、思《おも》いきって
相手《あいて》に質問《しつもん》してみよう！

きっと相手《あいて》は喜《よろこ》んで
話《はな》してくれるよ

4 なんでも聞《き》いてみよう

お母《かあ》さんにほめられちゃったよ
なんで？

感《かん》じたことをすなおに
相手《あいて》に伝《つた》えるのも、
会話《かいわ》のコツ！
友《とも》だちの話《はなし》を聞《き》いて、
「すごい！」「本当《ほんとう》!?」と
思《おも》ったときは、
その気《き》もちをそのまま
いってみるといいよ

5 感《かん》じたことを伝《つた》えよう

ピーマン食《た》べられるようになったよ
すごいね

自己紹介《じこしょうかい》の練習《れんしゅう》をしておけば、はじめて会《あ》った人《ひと》に対《たい》しても、不安《ふあん》が少《すく》なくなるよ！「あいさつ→名前《なまえ》→好《す》きなこと」の順番《じゅんばん》で話《はな》すとか、自分《じぶん》なりに決《き》めておくのもおすすめだよ！

6 自己紹介《じこしょうかい》の練習《れんしゅう》をしよう
こんにちは
テレミです
好《す》きなことは
絵《え》をかくことです

きみにぴったりの会話《かいわ》のコツは見《み》つかったかな？　これからは、自分《じぶん》なりの会話《かいわ》のコツもさがしてみよう。

自分《じぶん》の応援団《おうえんだん》をつくろう

人見知《ひとみし》りで困《こま》ったときは、1人《ひとり》でかかえこまないで、だれかに相談《そうだん》するといいよ。だれだって、頼《たよ》られたらうれしいもの。家族《かぞく》でも先生《せんせい》でも友《とも》だちでも、同《おな》じだよ。きみだって、そうじゃないかな？　相談《そうだん》して自分《じぶん》の気《き》もちを伝《つた》えることで、その人《ひと》との関係《かんけい》も深《ふか》まるものなんだ。

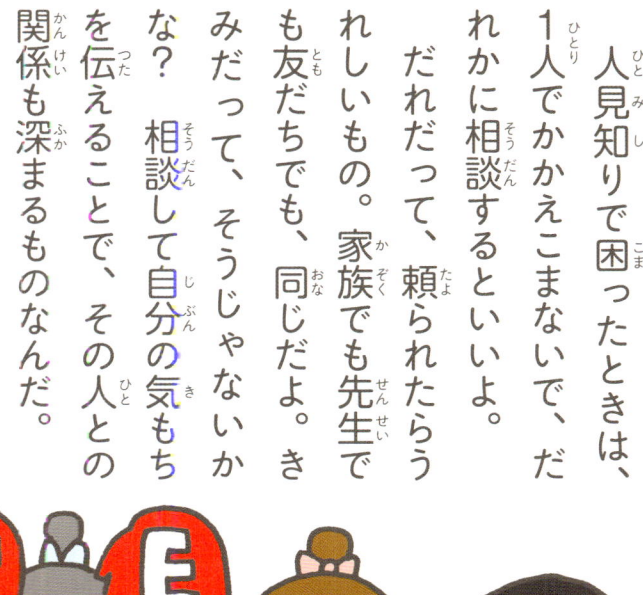

相談《そうだん》しているうちに、応援《おうえん》してくれる人《ひと》も出《で》てくるはず。応援《おうえん》してくれる人《ひと》がいるって、とてもうれしいことだよ。「きみならだいじょうぶ！」とささえになってくれる人《ひと》がいると、1人《ひとり》のときよりずっとこころ強《づよ》いよね。

こんなに応援《おうえん》してもらって
はずかしいけど、うれしいな
困《こま》ったら
いつでも
相談《そうだん》してね
パパ
テレミなら
だいじょうぶ！
ママ

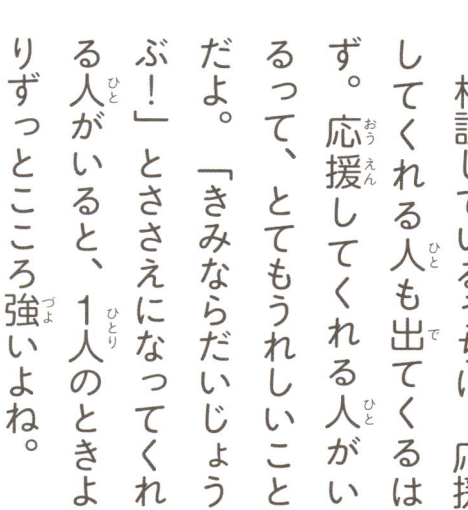

好《す》きなことに集中《しゅうちゅう》して自信《じしん》をつけよう

スポーツをしたり、絵《え》をかいたり、楽器《がっき》を演奏《えんそう》したり、自分《じぶん》の好《す》きなことをしているときって、時間《じかん》があっという間《ま》にすぎてしまうよね。

それに、好《す》きなことに夢中《むちゅう》になっていると、まわりの視線《しせん》も気《き》にならないんじゃないかな？　だから、人見知《ひとみし》りの自分《じぶん》に悩《なや》んだときは、好《す》きなことに集中《しゅうちゅう》してみよう。

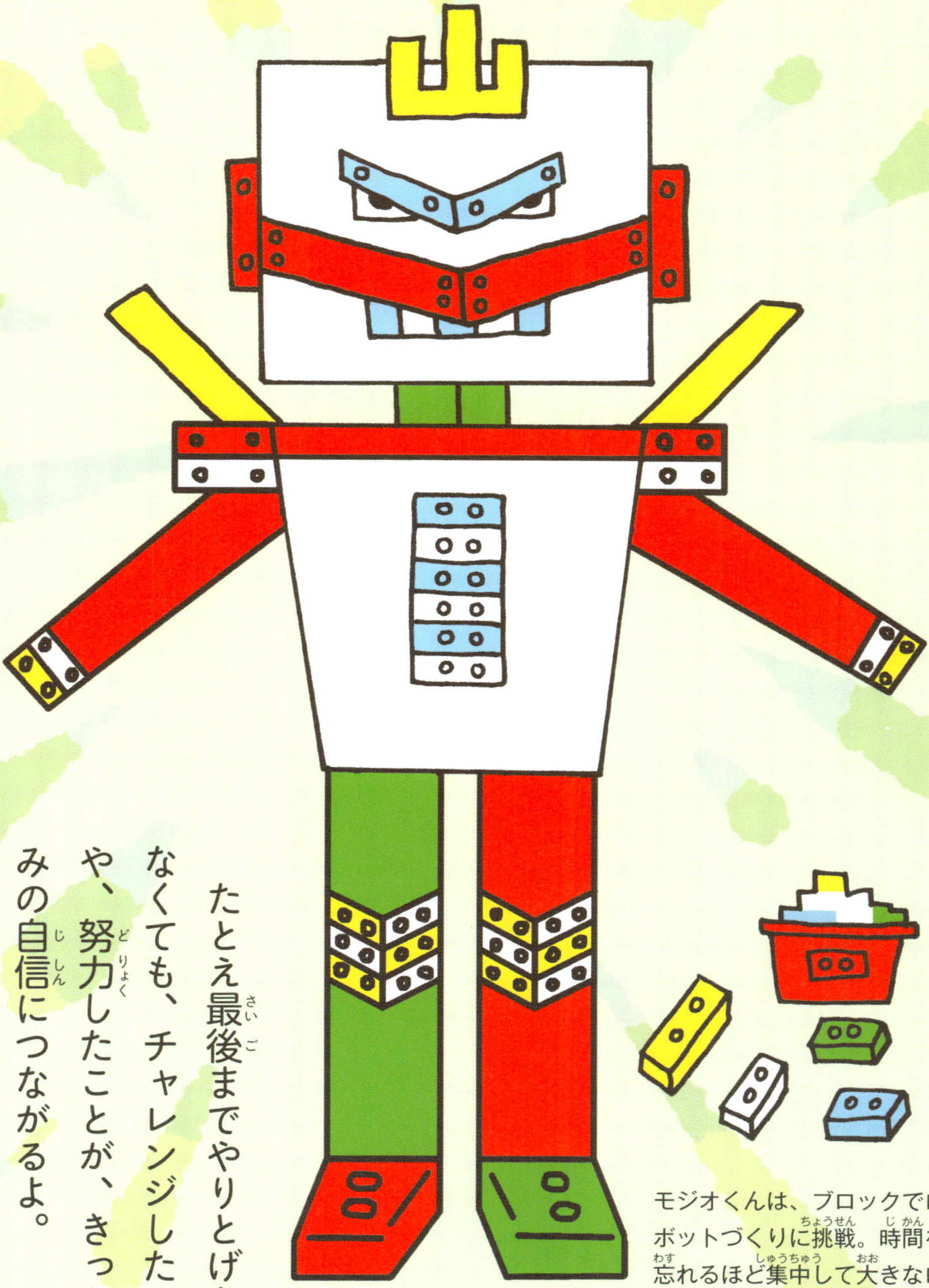

たとえ最後《さいご》までやりとげられなくても、チャレンジしたことや、努力《どりょく》したことが、きっときみの自信《じしん》につながるよ。

モジオくんは、ブロックでロボットづくりに挑戦《ちょうせん》。時間《じかん》を忘《わす》れるほど集中《しゅうちゅう》して大《おお》きなロボットを完成《かんせい》させたので、まわりの人《ひと》もびっくり！

こころに「成功《せいこう》」を貯《た》めよう

育《そだ》てていた花《はな》が
きれいに咲《さ》いた

新《あたら》しい
友《とも》だちができた

きみのまわりには、「いつでも前向《まえむ》きですごいな」「すなおですてきだな」と思《おも》う人《ひと》はいる？　きっとその人《ひと》は、「じょうずな考《かんが》えかた」ができているんだよ。

いままでの経験《けいけん》から、たいていのことは「なんとかなる」と思《おも》って、こわがらずに、ありのままの

自分《じぶん》が納得《なっとく》する
絵《え》がかけた
テレミ

電車《でんしゃ》で席《せき》をゆずれた

朝《あさ》が苦手《にがて》だけど、
自分《じぶん》でおきることが
できた

自分《じぶん》を出《だ》せているんだ。そうなるためには、失敗《しっぱい》も成功《せいこう》も受《う》けとめていくことがたいせつだよ。そして、成功《せいこう》はどんなに小《ちい》さなことでもいいから、きみのこころに貯《た》めていくようにしよう。

みんなのために行動《こうどう》しよう

きみが人《ひと》にやさしくできたり、だれかの役《やく》に立《た》つことができるようになれたらすてきだね。それに、まわりの人《ひと》に笑顔《えがお》を見《み》せることができたら、とってもすてきなことだよ。みんなも明《あか》るい気《き》もちになれるからね。

きみがまわり人《ひと》のために行動《こうどう》しているうちに、人見知《ひとみし》りだって気《き》にならなくなるし、すてきな自分《じぶん》になれるはず。さあチャレンジしてみよう。

家族《かぞく》のためにできることってあるかな?

だれかの役《やく》に立《た》ちたいと
考《かんが》えるうちに自分《じぶん》のこと
ばかり考《かんが》えなくなるよ
お花《はな》の水《みず》やりとか
ごみ出《だ》しとか
いろいろ
ありそうだよ

テレミちゃんは、家族《かぞく》のために自分《じぶん》ができることを考《かんが》えているね。

みんな、人見知《ひとみし》りについてたくさん学《まな》んだね。
モジオくんとテレミちゃんは人見知《ひとみし》りで
最初《さいしょ》は困《こま》っていたけれど、
じょうずにつきあう自信《じしん》がついたみたいだよ。

テレミ

人見知《ひとみし》りと
じょうずにつきあって
いけそうかな？

2位《い》
人見知《ひとみし》りの自分《じぶん》も好《す》きになれたの！
もうなんでも人見知《ひとみし》りのせいにしないよ！

気《き》もち
考《かんが》えかた

そう、だいじなのは、
自分《じぶん》のなかにある
「考《かんが》えかた」「気《き》もち」「行動《こうどう》」を
ほんの少《すこ》しだけ
変《か》えてみることだったね。

もちろんこれからも
人《ひと》見《み》知《し》りで困《こま》ってしまうことが
あるかもしれない。

失敗《しっぱい》しても
だいじょうぶ！

荷《に》物《もつ》
もちましょうか？

でも、そんなときは、
ポジ先生《せんせい》から教《おそ》わったことを
思《おも》い出《だ》して
チャレンジしてみよう。

いっしょにあそぼう！
きっと
うまくいくよ！

「人見知《ひとみし》りの自分《じぶん》だって悪《わる》くない！」
その気《き》もちを忘《わす》れずにね。

あそぼー
いいよー
わーい
わたしも！

おわりに

「人見知《ひとみし》りじゃなければよかったのに……」人見知《ひとみし》りで悩《なや》んでいたきみは、この本《ほん》に出会《であ》うまでこう考《かんが》えていたかもしれませんね。でも、この本《ほん》を読《よ》みおえて、「人見知《ひとみし》りって困《こま》ったことばかりじゃない」「人見知《ひとみし》りの自分《じぶん》に自信《じしん》をもつこともたいせつなんだ」とわかってくれたんじゃないかと思《おも》います。

ぼくは、みなさんより少《すこ》し長《なが》く生《い》きてきた分《ぶん》、多《おお》くの人見知《ひとみし》りの人《ひと》と接《せっ》してきました。だから、人見知《ひとみし》りの人《ひと》のよさをたくさん知《し》っています。

人《ひと》に対《たい》してやさしかったり、気《き》づかいができたり、責任感《せきにんかん》があったり、成長《せいちょう》したいという思《おも》いが強《つよ》かったり……。魅力《みりょく》のある人《ひと》が本当《ほんとう》に大勢《おおぜい》います。

人見知《ひとみし》りの困《こま》った部分《ぶぶん》については、前向《まえむ》きな「考《かんが》えかた」「気《き》もちのもちかた」「行動《こうどう》」を練習《れんしゅう》していけば、確実《かくじつ》に小《ち い》さくできます。

この本《ほん》を手《て》にとったみなさんには、自分《じぶん》の困《こま》った部分《ぶん》をなんとかしたいという前向《まえむ》きな考《かんが》えかたと気《き》もち、そして行動力《こうどうりょく》があります。そんな自分《じぶん》をだいじにしていってください！

この本《ほん》に登場《とうじょう》するモジオくんとテレミちゃんは、人見知《ひとみし》りで困《こま》ることを小《ちい》さくし、自分《じぶん》のよさに気《き》づいたことで自信《じしん》がもてるようになりました。みなさんも、「人見知《ひとみし》りの自分《じぶん》でよかった！」ときっと思《おも》えるようになるはずです。人見知《ひとみし》りはきみのたいせつな一部《いちぶ》。人見知《ひとみし》りこその魅力《みりょく》をいかせる自分《じぶん》になれること、ぼくは期待《きたい》しています！

名越康文《なこしやすふみ》

●監修者紹介●

名越康文（なこし・やすふみ）

1960 年、奈良県生まれ。精神科医。相愛大学、高野山大学客員教授。
専門は思春期精神医学、精神療法。
臨床に携わる一方で、テレビ、ラジオ、雑誌などのメディアで活躍中。

●おもな参考文献●

『「考え方のクセ」を変えるとストレスはなくなる』（家の光協会）／『気にしすぎ人間へ』（青春出版社）／『さようなら！「人見知り」』（同文舘出版）／『社交不安症がよくわかる本』（講談社）／『10 代のための人見知りと社交不安のワークブック』（星和書店）／『人と接するのがつらい』（文藝春秋）／『「人前に出るのが怖い」を治す本』（秀和システム）／『人見知りが治るノート』（すばる舎リンケージ）／『「人見知り」は案外うまくいく』（技術評論社）／『負けない雑談力』（廣済堂出版）

イラスト●小野寺奈緒

デザイン●山岸蒔（スタジオダンク）

編集協力●石井綾香・岸本乃芙子（スタジオポルト）／関川隆／松尾綾

企画・編集●日本図書センター

学校《がっこう》では教《おし》えてくれない ピカピカ 自分《じぶん》みがき術《じゅつ》

すっきり解決《かいけつ》！ 人《ひと》見《み》知《し》り

2017 年 9 月 25 日　初版第 1 刷発行

監修者　名越康文
発行者　高野総太
発行所　株式会社 日本図書センター
〒 112-0012 東京都文京区大塚 3-8-2
電話　営業部　03-3947-9387
出版部　03-3945-6448
http://www.nihontosho.co.jp
印刷・製本　図書印刷 株式会社

ISBN978-4-284-20406-4